AF403406

Contributions directes

ET

Taxes assimilées

Délai, Forme et Formules des réclamations
Paiement des Contributions
Responsabilités des propriétaires et des principaux
locataires, etc.

EXTRAIT COMPLÉTÉ

DU

MANUEL-FORMULAIRE

des **Contribuables** et des **Pétitionnaires**
en matière administrative

PAR

CHARLES FERRY

CHEF DE BUREAU
SECRÉTAIRE-GREFFIER DU CONSEIL DE PRÉFECTURE DES VOSGES

Prix : 1 franc

ÉPINAL, KLEIN & Cⁱᵉ IMPRIMEURS-ÉDITEURS
1904

—

AVERTISSEMENT

L'opuscule qui paraît aujourd'hui, extrait du Manuel-Formulaire des Contribuables et des Pétitionnaires en matière administrative *publié en 1903, est recommandé spécialement à MM. les Secrétaires de mairie qui y trouveront toutes indications utiles à l'établissement des demandes en dégrèvement de Contributions directes et de taxes assimilées.*

Il s'adresse également aux personnes qui désirent présenter elles-mêmes une réclamation.

Cette plaquette renfermant des renseignements généraux sur le délai et la forme des demandes, les pétitionnaires auront intérêt à prendre d'abord connaissance des indications contenues dans les pages 3 à 11. Ils trouveront à la fin de l'opuscule des formules préparées qu'ils pourront détacher, en suivant le pointillé, et compléter en se servant des modeles insérés, avec les numéros correspondants, dans les pages 12 à 24.

Si la contribution contre laquelle ils réclament est de 30 francs ou excède cette somme et ne s'applique pas à la taxe des prestations, les pétitionnaires devront, avant de remplir l'imprimé, faire apposer par le receveur de l'Enregistrement un timbre de 0 fr. 60 à moins que des lois spéciales dispensent de cette formalité.

Nous sommes persuadé que cette plaquette recevra des contribuables un accueil aussi bienveillant que nos précédentes publications.

Mars 1904.

C. F.

AVIS AUX CONTRIBUABLES

Obligation de faire à la mairie la déclaration (1) (2) *des élément
imposables à certaines contributions directes ou taxes assimilées
aux contributions directes.*

On rappelle aux contribuables :

1° Qu'aux termes des lois et règlements en vigueur, ils sont tenus, *sous
peine d'aggravation de taxe*, de faire à la mairie la *déclaration* des
objets imposables aux contributions et taxes ci-après désignées :

*Contribution sur les voitures et automobiles, chevaux, mules et
mulets ;*

Taxe sur les chiens ;

Taxe sur les billards publics et privés ;

Taxe sur les cercles, sociétés et lieux de réunion ;

Taxe sur les vélocipèdes.

2° Que, pour jouir de l'exemption temporaire d'impôt foncier accordée
par la loi du 8 août 1890 *aux constructions nouvelles, reconstructions
et additions de constructions*, les propriétaires intéressés doivent faire à
la mairie de la commune où est élevé le bâtiment passible de la contribution
et *dans les quatre mois* à partir de l'ouverture des travaux, une
déclaration indiquant la nature du bâtiment, sa destination et la
désignation, d'après les documents cadastraux, du terrain sur lequel il est
construit.

Les contribuables trouveront, sur les registres ou formules imprimées
déposées à la mairie à l'effet de recevoir leurs déclarations, toutes les
indications nécessaires pour les fixer exactement sur les obligations qui
leur incombent.

Ils remarqueront notamment que les déclarations continuent d'avoir
leur effet tant qu'elles n'ont pas été rapportées ou modifiées par eux ; qu'en
conséquence, ils ne sont tenus de faire de *nouvelles* déclarations que dans
le cas où il est survenu des changements susceptibles de faire augmenter ou
diminuer leurs cotisations.

---

(1) Le motif de bonne foi invoqué par un grand nombre de pétitionnaires qui ont
omis de faire la déclaration prescrite, tout en n'étant pas mis en doute, n'a jamais été
accueilli par le Conseil d'Etat.

(2) Le Conseil d'Etat a décidé également que les contribuables ne pouvaient, pour
échapper aux pénalités...., invoquer comme excuse une déclaration faite à un agent de
police, garde champêtre, etc. En conséquence, toutes les déclarations provoquées par les
agents de police, gardes champêtres, etc., sont sans valeur du moment qu'elles n'ont pas
été faites à la mairie, que les registres spéciaux destinés à leur inscription n'en font pas
mention et qu'il n'en a pas été donné reçu.

Ils devront d'ailleurs ne pas perdre de vue que les déclarations visées par le présent avis doivent être consignées sur les registres spécialement affectés *au service des contributions directes* et qu'il doit leur en être, séance tenante, délivré un récépissé.

En ce qui concerne la contribution sur les voitures, chevaux, mules et mulets et les constructions nouvelles, reconstructions, etc..., les déclarations en vue de l'assiette de l'impôt ou de l'exemption temporaire de contribution doivent être faites par les intéressés, *nonobstant celles auxquelles ils seraient astreints pour les mêmes objets, soit au point de vue des réquisitions militaires, soit pour se conformer aux règlements de voirie.*

Pour les automobiles, la déclaration à la préfecture ne dispense pas de la déclaration spéciale à faire à la mairie en vue de l'impôt.

Constructions nouvelles

Les constructions nouvelles, les reconstructions et additions de constructions ne sont soumises à la contribution foncière qu'à partir du 1er janvier de la troisième année qui suit leur achèvement ; mais, pour jouir de cette exemption temporaire, le propriétaire est tenu de faire à la mairie de la commune où le bâtiment doit être élevé, et dans les *quatre mois à partir de l'ouverture des travaux*, une déclaration indiquant la nature du bâtiment, sa destination et la désignation, d'après les documents cadastraux, du terrain sur lequel il doit être construit. Il en est de même lorsqu'un bâtiment rural est converti en maison ou en usine et lorsqu'un terrain vient à être affecté à un usage commercial ou industriel (chantier, etc.).

Les constructions nouvelles, les reconstructions et additions de constructions non déclarées ou déclarées après l'expiration du délai de *quatre mois à partir de l'ouverture des travaux*, sont imposables au moyen de *rôles particuliers*, à la contribution foncière et à celle des portes et fenêtres à partir du 1er janvier de l'année qui suit celle de leur achèvement. Leurs cotisations, tant en principal qu'en centimes additionnels, sont égales à celles que supportent, pour l'année en cours, les immeubles de même nature et de même importance ; mais elles sont multipliées par le nombre d'années écoulées entre celle où les constructions ont été achevées et celle où elles ont été découvertes, y compris cette dernière année, sans toutefois pouvoir être plus que quintuplées.

La contribution foncière des propriétés bâties est, depuis le 1er Janvier 1901, établie en raison de la valeur locative de ces propriétés sous déduction de 25 % pour les maisons et de 40 % pour les usines.

(*Voir formule n° 11*).

Des différentes natures de réclamations, délai, forme
et formules

1° DIFFÉRENTES NATURES DE RÉCLAMATIONS

Demandes en dégrèvement (décharge ou réduction)

Le contribuable qui se croit surtaxé ou imposé à tort peut adresser à l'administration compétente une demande écrite en dégrèvement : demande en *décharge*, s'il s'agit d'un dégrèvement total ; demande en *réduction*, s'il s'agit d'un dégrèvement partiel. (Instruction générale sur les réclamations du 29 janvier 1898, art. 1er et loi du 13 juillet 1903, art. 17.)

(*Voir formules nos I et XII*).

Demandes en exemption temporaire

Tout ou partie de l'impôt foncier peut être réclamé pour semis ou plantation de bois et pour replantation de vignes (1) dans les arrondissements déclarés atteints par le phylloxéra.

La réclamation sera formée dès l'année qui suivra celle de l'exécution des travaux et dans les trois mois de la publication du rôle. Elle sera présentée, instruite et jugée comme les demandes en décharge ou en réduction concernant la contribution foncière des propriétés non bâties. (Loi du 17 juillet 1895, art. 15, abrogative des dispositions des art. 118 et suivants de la loi du 3 frimaire an VII.)

(*Voir formule n° VII.*)

Demandes en modération et remise (2)

Modération ou remise signifie abandon à un contribuable d'une partie de ses impôts.

En ce qui concerne les taxes communales, les demandes en remise doivent être adressées aux conseils municipaux intéressés. (*Voir formule n° XIII.*)

Dans le cas de perte, totale ou partielle, du revenu des propriétés non bâties, par suite d'évènements extraordinaires, tels que grêle, gelée, inondation, incendie, etc., les propriétaires sont recevables à demander la remise ou la modération de leurs impôts de l'année (Loi du 15 septembre 1807, art. 37.)

Ils peuvent exceptionnellement renouveler ces demandes si l'évènement survenu a étendu ses effets à l'année ou aux années suivantes. (Décision ministérielle du 7 juin 1880.)

---

(1) Les réclamations pour plantation de vignes doivent être établies sur des formules spéciales de déclarations mises par le Directeur à la disposition des mairies.

(2) Il est de principe de ne jamais accorder de dégrèvements gracieux sur patente à un contribuable solvable, qui est en état d'assurer ses immeubles et ses marchandises, et dont les pertes causées par un incendie sont dès lors assez restreintes.

Ce principe a été consacré par un grand nombre de décisions ministérielles.

Lorsque les pertes provenant des évènements ci-dessus mentionnés ont frappé une partie notable de la commune, la demande peut être présentée par le maire dans l'intérêt de ses administrés.

Le maire peut aussi réclamer au nom des habitants s'il s'agit d'un incendie ou de tout autre sinistre ayant atteint un certain nombre de propriétés bâties.

Les contribuables sont admis à se pourvoir *individuellement* en modération en cas d'incendie ou de destruction en cours d'année, de leurs maisons ou usines, ou de démolition, même volontaire, de ces bâtiments. (Art. 13 de l'Instruction générale sur les réclamations du 29 janvier 1898.) (*Voir formules nᵒˢ III et VIII*).

Ils peuvent aussi se pourvoir en remise, lorsqu'ils ont éprouvé une perte de revenu par suite de vacance de maison ou de chômage d'usines (1), si la perte subie a été *indépendante de leur volonté*. (*Voir formule nᵒ IX.*)

Le dégrèvement ne peut être accordé sur la contribution foncière que si l'inoccupation des maisons a été d'une année au moins et le chômage des usines d'au moins un trimestre.

Pour la contribution des portes et fenêtres, il suffit que la vacance ou le chômage ait été d'un trimestre.

Les dégrèvements se calculent ensuite par mois entier de vacances ou de chômage, sans pouvoir cependant s'étendre à plus de douze mois en deçà des quinze jours ayant précédé la réclamation.

Les contribuables sont aussi admis à solliciter le dégrèvement, à titre gracieux, de tout ou partie de leur cotisation pour cause de gêne ou d'indigence. (2). (*Voir formule nᵒ X*)

Demandes en mutation de cote

Lorsqu'une maison a été cotisée aux seules contributions *foncière* et des *portes et fenêtres* sous un nom autre que celui du véritable propriétaire, ce dernier ou l'imposé peut réclamer la « mutation de cote ». Comme cette demande doit produire ses effets à l'égard de l'ancien et du nouveau propriétaire, celui qui n'en a pas pris l'initiative sera mis en cause devant le Conseil de préfecture ; en cas de contestation touchant la question de

---

(1) En matière d'usines, il n'est pas nécessaire, pour obtenir la remise des contributions, que l'immeuble soit destiné à la location et que le propriétaire ne s'en réserve pas la jouissance ; le fait seul du chômage suffit à justifier le dégrèvement.

(2) Les remises ou modérations d'impôts réclamées à *titre purement gracieux*, sont exclusivement réservées aux contribuables qui se trouvent réellement hors d'état de se libérer envers le Trésor. Il ne peut, en conséquence, être établi aucune proposition de dégrèvement qui ne serait pas motivée par cette seule et unique considération. (Circulaire de la Direction générale des contributions directes du 22 octobre 1900, nᵒ 975).

propriété, il est sursis de statuer jusqu'à ce que les tribunaux judiciaires aient jugé cette question (1).

Demandes en transfert de patente

Les lois du 25 avril 1844 et du 15 juillet 1880 autorisent le patentable qui a vendu son établissement et celui qui a succédé à demander le transfert de la patente au nom du cessionnaire. (Voir la formule n° XI)

2· DÉLAI DES RÉCLAMATIONS

Les demandes en décharge ou en réduction et les demandes en mutation de côte doivent être présentées dans les trois mois de la publication des rôles. (Loi du 6 décembre 1897, art. 12)

Lorsqu'il s'agit de cotes imposées par faux ou double emploi, le délai de réclamation ne prend fin que trois mois après le jour où l'imposé a eu connaissance officielle des premières poursuites avec frais dirigées contre lui. (Circulaire du 18 avril 1889.)

Dans le cas de paiement non précédé de poursuites, la demande est recevable pendant trois mois à partir du paiement, s'il s'agit d'un faux emploi, et du dernier des deux paiements, s'il s'agit d'un double emploi.

Les déclarations à fin de décharge ou de réduction faites dans les mairies (2) doivent être reçues dans le mois qui suit la publication des rôles. Lorsqu'elles sont écartées, les intéressés sont avisés qu'ils ont un délai d'un mois, à partir de la notification, pour présenter une réclamation dans la forme ordinaire, sans préjudice des délais généraux prévus par les lois des 21 avril 1832, 15 juillet 1880 et 29 décembre 1884.

Les déclarations à fin d'exemption temporaire pour plantation ou replantation de vignes doivent être faites dans les trois mois de la publication du rôle de l'année à partir de laquelle l'exemption est due au déclarant. Passé ce délai, elles ne donnent droit à l'exemption que pour les années suivantes. Si ces déclarations ne sont pas admises en tout ou en partie, un délai d'un mois à compter de la notification de la décision prise est accordé aux déclarants pour réclamer dans la forme ordinaire.

Lorsque les rôles de la taxe des prestations sont publiés avant le 1er janvier, le délai de réclamation ne court néanmoins que de cette date.

---

(1) La mutation de cote n'est pas autorisée en matière de contribution personnelle-mobilière et ne peut tenir lieu d'inscription au rôle.

Aux termes de la jurisprudence du Conseil d'Etat, un contribuable qui a continué de figurer au rôle, pour des propriétés qu'il ne possède plus, n'est admis à présenter une demande en mutation de cote devant le Conseil de préfecture qu'à la condition de fournir les indications nécessaires pour que ces propriétés puissent être régulièrement imposées au nom du nouveau propriétaire (Conseil d'Etat 6 juin 1879: Migonney (Doubs).

(2) Les demandes en décharge ou réduction de contributions, de prestations et de taxe militaire peuvent être présentées, sans frais ni formalités, sous forme de déclarations, à la mairie du lieu de l'imposition.

Les demandes en transfert de patente doivent être produites dans les trois mois, soit de la cession de l'établissement, soit de la publication du rôle supplémentaire dans lequel le cessionnaire a été compris.

Le transfert de la taxe sur les billards doit être réclamé dans les trois mois de la cession.

Lorsqu'un établissement a été fermé par suite de décès, de liquidation judiciaire ou de faillite déclarée, la réclamation doit être présentée dans les trois mois ayant suivi la fermeture définitive de l'établissement. (Voir formules nos IV et V)

Les demandes en remise ou en modération, individuelles ou collectives, pour pertes résultant d'événements extraordinaires, doivent être produites dans les quinze jours qui suivent ces événements. S'il s'agit de pertes de récoltes, elles doivent être présentées, au plus tard, quinze jours avant l'époque habituelle de l'enlèvement des récoltes.

Les demandes en dégrèvement pour cause de démolition en cours d'année doivent être reçues dans les quinze jours de l'achèvement de la démolition.

Les réclamations pour vacance de maisons ou pour chômage d'usines doivent être produites dans les quinze jours ayant suivi, soit la cessation de la vacance ou du chômage, soit l'expiration de l'année ou du trimestre d'inoccupation. (Loi du 8 août 1885, art. 35.)

Les délais mentionnés ci-dessus sont de rigueur. Il n'appartient qu'au ministre de relever de la déchéance les demandes reçues après l'expiration de ces délais.

Les demandes en remise pour cause de gêne ou d'indigence peuvent être formées à toute époque.

3° FORME DES RÉCLAMATIONS

Loi du 13 juillet 1903. art. 17

L'article 28, § 1er, de la loi du 21 avril 1832 est modifié ainsi qu'il suit :

« Tout contribuable qui se croira imposé à tort ou surtaxé, adressera sa demande en décharge ou réduction, au Préfet ou au Sous-Préfet dans les trois mois de la publication du rôle, mais sans préjudice des délais accordés par les lois pour des cas spéciaux.

« Cette demande mentionnera, à peine de non-recevabilité, la contribution à laquelle elle s'applique et, à défaut de la production de l'avertissement, le numéro de l'article du rôle sous lequel figure cette contribution ; elle contiendra, indépendamment de l'indication de son objet, l'exposé sommaire des moyens par lesquels son auteur prétend la justifier.

« Il sera formé une demande distincte pour chaque commune.

« Les demandes entachées d'un des vices de forme prévus aux deux paragraphes précédents seront, avant toute instruction au fond, déposées à la préfecture ou à la sous-préfecture conformément aux prescriptions de l'art. 29 de la loi du 21 avril 1832 ; les intéressés seront avisés en même temps qu'ils sont admis à les régulariser par la simple production des pièces ou indications dont l'absence aura été constatée. La régularisation pourra valablement être faite dans les dix jours qui suivront la réception de cet avis et dans tous les cas, jusqu'à l'expiration des délais fixés pour la présentation des réclamations.

« Nul n'est admis à introduire ou à soutenir une réclamation pour autrui s'il ne justifie d'un mandat régulier (1, 2). Le mandat doit être, à peine de nullité, écrit sur papier timbré et enregistré, à moins que la demande à laquelle il s'applique n'ait pour objet une cote inférieure à 30 francs ; il doit, sous la même sanction, être produit en même temps que la réclamation lorsque celle-ci est introduite par le mandataire.

« Les frais de timbre et d'enregistrement du mandat sont, comme les frais de timbre de la demande, compris dans les dépens de l'instance ; ils sont liquidés et attribués ou compensés.

« Lorsqu'une réclamation n'aura pas été jugée dans les six mois qui suivront sa présentation, le contribuable aura la faculté, dans la limite du dégrèvement sollicité par lui, de différer le paiement des termes qui viendraient à échoir sur la contribution contestée, à la condition d'avoir préalablement, dans sa demande, manifesté cette intention et fixé le montant ou les bases du dégrèvement auquel il prétend. »

Toute demande en décharge ou réduction doit être rédigée sur papier timbré (3) si elle a pour objet une cote de 30 fr. et au-dessus.

Les demandes en dégrèvement pour vacances de maisons ou chômage d'usines sont passibles du timbre (3) quand la cote dont il s'agit est égale ou supérieure à 30 fr.

Sont exemptes du timbre :

Les réclamations dont la cote est inférieure à 30 fr. ;

---

(1) Modèle de mandat.

A   , le

Le soussigné (nom, prénom, profession) demeurant à   faisant élection de domicile (chez ou dans le cabinet de M.   ) donne à M.   , tout pouvoir pour présenter en son lieu et place la demande en dégrèvement de (indiquer la contribution ou la taxe assimilée).

Il autorise, en conséquence, M.   à déposer à cet effet toute requête, demander l'expertise, transiger, se désister, etc.

(*Signature*)

(2) La qualité d'officier ministériel ne confère pas par elle seule le droit de réclamer au nom d'un contribuable, si l'officier ministériel ne justifie pas, soit d'un mandat spécial, soit d'une procuration générale. (Conseil d'Etat, 22 juin 1858 ; Sorel pour Magnon père, Isère).

(3) En exécution de la loi du 29 mars 1897, art. 42, le remboursement des frais de timbre a lieu lorsqu'il s'agit de réclamations qui ont pour objet la réparation d'une erreur imputable à l'Administration.

Les demandes relatives à la taxe des prestations, quel qu'en soit le chiffre ;

Les déclarations à fin de décharge ou de réduction, faites sur les registres spéciaux des mairies ;

Les demandes en dégrèvement pour vacance de maison ou chômage d'usines quand il s'agit de cotes inférieures à 30 fr. ;

Les demandes motivées soit par des pertes de récoltes ou autres évènements extraordinaires, soit par la situation gênée ou malheureuse des imposés ;

Les demandes collectives des maires pour pertes de revenus.

Payement des contributions

Les contributions foncière, personnelle-mobilière, des patentes et des portes et fenêtres sont payables en douze portions égales dont chacune est exigible le 1ᵉʳ de chaque mois pour le mois précédent. Toutefois, en cas de déménagement hors du ressort de la perception, comme en cas de vente volontaire ou forcée, la contribution *personnelle-mobilière* est immédiatement exigible pour l'année entière.

Les contribuables sont invités à représenter leur avertissement au percepteur à chaque paiement qu'ils effectuent. Toute quittance, pour être valable, doit être délivrée sur un coupon que le percepteur détache de son livre à souche.

En vertu de l'arrêté du ministre des Finances en date du 20 octobre 1900, les contribuables ont la faculté de verser leurs contributions directes et taxes assimilées non seulement à la perception où ils sont imposés, mais encore dans n'importe quelle perception située dans une autre localité.

Les versements en dehors de la perception d'imposition ne seront reçus que sur présentation de l'avertissement ou de toute autre pièce officielle indiquant les contributions à payer.

Ils devront comprendre la totalité ou le solde des contributions portées sur un ou sur plusieurs avertissements. En ce qui concerne les versements pour solde, les contribuables auront à justifier des acomptes ou des dégrèvements antérieurs au moyen des quittances à souche, des avis de dégrèvement ou de tout autre document établissant leur libération partielle.

Aucun versement ne sera admis en dehors de la perception d'imposition passé le 1ᵉʳ juillet pour les rôles publiés dans les trois premiers mois de l'année, et passé un délai de trois mois à partir de la publication, pour les autres rôles.

Responsabilités des propriétaires et des principaux locataires

Les propriétaires et principaux locataires sont tenus, *un mois* avant le déménagement de leurs locataires ou sous-locataires, de se faire représenter par ceux-ci les quittances de leurs contributions *personnelle-mobilière* et des *patentes* ; si ces quittances ne leur sont pas représentées, ils doivent en prévenir immédiatement le percepteur.

En cas de déménagement furtif, ils sont tenus de faire constater, dans les *trois jours*, le déménagement par le maire, le juge de paix ou le com_ misssaire de police et d'en donner avis au percepteur.

Faute par eux de remplir ces formalités, ils peuvent être rendus responsables :

1° En ce qui concerne la contribution *personnelle-mobilière*, de l'intégralité de la contribution due par leurs locataires ou sous-locataires dans le cas de déménagement ordinaire, et des douzièmes échus de cette contribution dans le cas de déménagement furtif ;

2° En ce qui concerne la contribution des patentes, du dernier douzième échu et du douzième courant, dans les deux cas. (1)

---

(1) Nonobstant toute déclaration de leur part, les propriétaires ou principaux locataires demeurent responsables de la contribution personnelle et mobilière des personnes logées par eux en garni (Loi du 21 Avril 1832, art. 22 et 23).

PRINCIPALES FORMULES

Contributions Directes

I. — *Demande en dégrèvement (A établir sur papier timbré si la cote est de 30 francs, ou excède cette somme.)*

A   , le   190 .

Monsieur le { Préfet, Sous-Préfet,

Le soussigné / La soussignée } (nom, prénoms et profession), demeurant à (domicile',

imposé / imposée } dans la commune d (désignation de la commune ou dans

ladite commune) au rôle { primitif, supplémentaire, particulier. } de la contribution (indi-

quer la contribution) de l'année (indiquer l'année), sous l'article (numéro de l'article porté sur l'avertissement' (1) a l'honneur de vous exposer que (motifs de la réclamation).

Il / Elle { vous prie, en conséquence, de vouloir bien lui faire accorder le dégrèvement de (spécifier aussi exactement que possible la somme à laquelle doit s'élever le dégrèvement) auquel { il / elle } croit avoir droit.

Il / Elle { est, avec respect, Monsieur le } Préfet, Sous-Préfet, { votre très dévoué serviteur dévouée servante.

(*Signature*)

---

(1) Bien qu'il suffise de faire mention du numéro de l'article, il est recommandé de joindre l'avertissement lui-même ou un extrait du rôle à l'appui de la demande.

II. - *Demande en dégrèvement de foncière bâtie. (A établir sur papier timbré si la cote est de 30 francs ou excède cette somme).*

A   , le   190 .

Monsieur le } Préfet.
/ Sous-Préfet,

Le soussigné /
La soussignée { (nom, prénoms, profession), demeurant à (domicile)
imposé)
imposée } au rôle de la contribution foncière bâtie de l'année 190 , article
(numéro de l'article porté sur l'avertissement) (1) sur la base d'un revenu. net de   francs (ajouter s'il y a lieu), correspondant, d'après l'article 8 §§ 1 et 3 de la loi du 8 août 1900 à un revenu brut (pour avoir le revenu brut, ajouter au revenu net 1/3 pour les maisons et multiplier le revenu net par 10/6 pour les usines) de   francs pour   propriété   sise   à (indiquer la commune et, s'il y a lieu, la rue et le numéro) a l'honneur de vous informer que son imposition est exagérée attendu { qu'il
(qu'elle
ne retire de   dite   propriété   que la somme de   francs ajouter s'il y a lieu, se décomposant de la manière suivante :

        Rez-de-chaussée loué à M. X.... pour   francs.
        Premier étage   id.   id.
        Deuxième étage   id.   id.
        Troisième étage   id.   id.

ou indiquer d'autres motifs qui militeraient en faveur d'un dégrèvement) d'où il résulte une surtaxe de   francs sur le revenu brut.

Il)
Elle } vous prie, en conséquence, de vouloir bien faire établir ses imposi-tions d'apres la valeur réelle de s   propriété   et lui accorder une réduction basée sur les chiffres ci-dessus indiqués.

Il)
Elle { est, avec respect, Monsieur le } Préfet,
/ Sous-Préfet, { votre très
dévoué serviteur
dévouée servante.

(*Signature*)

---

(1) Bien qu'il suffise de faire mention du numéro de l'article, il est recommandé de joindre l'avertissement lui-même ou un extrait du rôle à l'appui de la demande.

(NOTA) Les résultats de la revision des évaluations de 1911 n'étant plus susceptibles d'être contestés pendant le reste de la période décennale en cours, le présent modèle ne peut servir que pour les constructions nouvelles ou additions de constructions imposées pour la première fois.

III. — *Demande en dégrèvement pour cause de démolition en cours d'année. (A établir sur papier timbré si la cote est de 30 francs ou excède cette somme et à présenter dans les quinze jours qui suivent la démolition.)*

A   , le   190 .

Monsieur le ⟨ Préfet,
⟨ Sous-Préfet,

Le soussigné ⟩
La soussignée ⟩ (nom, prénoms et profession) demeurant à (domicile)
imposé ⟩
imposée ⟩ dans la commune d   (désignation de la commune ou dans ladite commune) au rôle des contributions foncière et des portes et fenêtres de l'année (indiquer l'année) sous l'article (numéro de l'article porté sur l'avertissement) (1) a l'honneur de vous informer ⟨ qu'il ⟩ vient de faire ⟨ qu'elle ⟩ démolir, le   (date de la démolition), un immeuble situé à (indiquer la commune et, s'il y a lieu, la rue et le numéro) et comprenant (nombre de portes et fenêtres) ouvertures.

Il ⟩
Elle ⟩ vous prie, en conséquence, de vouloir bien lui accorder un dégrèvement correspondant au temps écoulé depuis la démolition dudit immeuble.

Il ⟩
Elle ⟩ est, avec respect, Monsieur le ⟨ Préfet, ⟩ votre très ⟨ Sous-Préfet, ⟩
dévoué serviteur.
dévouée servante.

(Signature)

---

(1) Bien qu'il suffise de faire mention du numéro de l'article, il est recommandé de joindre l'avertissement lui-même ou un extrait du rôle à l'appui de la demande.

IV. — *Demande en dégrèvement de patente par suite de décès. (A établir sur papier timbré si la cote est de 30 francs ou excède cette somme et à présenter dans les trois mois ayant suivi la fermeture de l'établissement.)*

A , le 190 .

Monsieur le { Préfet. / Sous-Préfet,

Le soussigné { La soussignée } (nom, prénoms, profession) demeurant à (domicile) a l'honneur de vous informer que { Monsieur / Madame } son (degré de parenté) imposé { imposée } dans la commune d ' (désignation de la commune ou dans ladite commune) à la contribution des patentes de l'année (indiquer l'année) sous l'article (numéro de l'article porté sur l'avertissement) (1) du rôle primitif, supplémentaire, } est décédé le (date du décès) et que son établissement a été fermé définitivement le (date de la fermeture.)

Il { Elle } vous prie, en conséquence, de vouloir bien faire accorder sur la patente de { Monsieur / Madame } le dégrèvement prévu par la loi.

Il { Elle } est, avec respect, Monsieur le { Préfet, / Sous-Préfet, } votre très dévoué serviteur. dévouée servante.

(Signature)

---

(1) Bien qu'il suffise de faire mention du numéro de l'article, il est recommandé de joindre l'avertissement lui-même ou un extrait du rôle à l'appui de la demande.

V. — *Demande en dégrèvement de patente par suite de liquidation judiciaire ou de faillite déclarée. (A établir sur papier timbré si la cote est de 30 francs ou excède cette somme.)*

A   , le   190   .

Monsieur le { Préfet,
             { Sous-Préfet,

Le soussigné (nom, prénoms, profession, domicile), au nom et comme liquidateur judiciaire { du sieur
syndic   { de la dame   } a l'honneur de vous exposer que { ledit sieur   imposé
        { ladite dame   imposée } dans la commune d   (désignation de la commune) à la contribution des patentes de l'année (indiquer l'année) (1) du rôle primitif,
supplémentaire } a été à la date du   (date du jugement) } déclaré
                                                              } déclarée
en état de { liquidation judiciaire.
           { faillite.

Il vous prie, en conséquence, de vouloir bien faire accorder, sur la patente imposée { au sieur
                                     { à la dame   } le dégrèvement prévu.
par la loi.

Il est, avec respect, Monsieur le { Préfet,
                                  { Sous-Préfet, } votre très obéissant serviteur.

(Signature)

____

(1) Bien qu'il suffise de faire mention du numéro de l'article, il est recommandé de joindre l'avertissement lui-même ou un extrait du rôle à l'appui de la demande.

VI. — *Demande en dégrèvement de personnelle-mobilière présentée par un héritier d'une personne décédée avant le 1er janvier de l'année pour laquelle elle est encore imposée (A établir sur papier timbré si la cote est de 30 fr. ou excède cette somme.)*

A   , le   190   .

Monsieur le { Préfet,
             { Sous-Préfet,

Le soussigné {
La soussignée { (nom, prénoms et profession) demeurant à (domicile) a l'honneur de vous informer que { Monsieur } (nom, prénoms et degré de parenté)
                                                         { Madame   }
imposé {
imposée { dans la commune d (désignation de la commune) à la contribution personnelle-mobilière de l'année (indiquer l'année) sous l'article (numéro de l'article porté sur l'avertissement) (1) est { décédé, } à   le
                                                                                                                                                         { décédée }
(et, s'il y a lieu, que son mobilier a été vendu le   )

Il   { vous prie, en sa qualité { d'héritier { de { Monsieur } de
Elle }   { d'héritière {   { Madame   }

vouloir bien lui accorder le dégrèvement auquel { il   } croit avoir droit.
                                                { elle }

Il   { est, avec respect, Monsieur le { Préfet,   } votre   très
Elle }   { Sous-Préfet, }
dévoué serviteur.
dévouée servante.

(Signature)

(1) Bien qu'il suffise de faire mention du numéro de l'article, il est recommandé de joindre l'avertissement lui-même ou un extrait du rôle à l'appui de la demande.

VII. — *Demande en exemption temporaire. (A établir sur papier timbré si la cote est de 30 fr. ou excède cette somme et à présenter dans les 3 premiers mois de l'année qui suit le boisement).*

A   , le   190 .

Monsieur le { Préfet, / Sous-Préfet,

Le soussigné } / La soussignée } (nom, prénoms et profession) demeurant à (domicile)

imposé } / imposée } dans la commune d   (désignation de la commune ou dans ladite commune) à la contribution foncière de l'année (indiquer l'année) sous l'article (numéro de l'article porté sur l'avertissement) (1) a l'honneur de vous faire connaître { qu'il / qu'elle } a planté en bois } la parcelle / les parcelles { ci-après :

| Folio où la parcelle les parcelles est inscrite sont inscrites | Désignation de la parcelle des parcelles | | Lieudit | Contenance | Nature de la parcelle des parcelles | Classe | Revenu Cadastral |
	Section	Numéro du plan					

Il } / Elle } vous prie, en conséquence, de vouloir bien lui accorder le dégrèvement afférent { à ladite parcelle située / aux dites parcelles situées } (en plaine, sur une colline, sur le penchant d'une montagne) et qui { a été boisée / ont été boisées } en (désignation de l'année).

Il } / Elle } est, avec respect, Monsieur le { Préfet, / Sous-Préfet, } votre très dévoué serviteur. / dévouée servante.

(Signature)

(1) Bien qu'il suffise de faire mention du numéro de l'article, il est recommandé de joindre l'avertissement lui-même ou un extrait du rôle à l'appui de la demande.

(*) Désignation à prendre sur la matrice cadastrale déposée à la mairie de la commune où se trouvent situées les parcelles.

VIII. — *Demande en modération et remise par suite d'incendie (A établir sur papier libre et à présenter dans les quinze jours qui suivent la date de l'incendie).*

A   , le   190 .

Monsieur le { Préfet, Sous-Préfet,

Le soussigné } La soussignée { (nom, prénoms, profession) demeurant à (domicile) imposé { imposée { dans la commune (désignation de la commune ou dans ladite commune) au rôle des contributions foncière et des portes et fenêtres de l'année (indiquer l'année) sous l'article (numéro de l'article porté sur l'avertissement) (1) a l'honneur de vous faire connaître qu'un incendie survenu le (indiquer la date) a complétement détruit { sa maison d'habitation son usine situéе à (indiquer la commune et, s'il y a lieu, la rue et le n°)

Il { Elle { vous prie, en conséquence, de vouloir bien lui accorder { remise modération des dites contributions.

Il { Elle { est, avec respect, Monsieur le { Préfet, Sous-Préfet, votre très dévoué serviteur. dévouée servante.

(Signature)

---

(1) Bien qu'il suffise de faire mention du numéro de l'article, il est recommandé de oindre l'avertissement lui-même ou un extrait du rôle à l'appui de la demande.

IX. — *Demande en modération et remise pour chômage d'usines ou vacance de maisons. (A établir sur papier timbré si la côte est de 30 fr. ou excède cette somme.)*

A   , le   190   .

Monsieur le { Préfet,
{ Sous-Préfet,

Le soussigné }
La soussignée } (nom, prénoms, profession), demeurant à (domicile) imposé }
imposée } dans la commune d (désignation de la commune ou dans ladite commune) au rôle des contributions foncière et des portes et fenêtres de l'année (indiquer l'année) sous l'article (numéro de l'article porté sur l'avertissement) (1), a l'honneur de vous faire connaître : 1ᵒ que l'usine qu'il }
qu'elle } possède à (indiquer la commune et, s'il y a lieu, la rue et le numéro) où était exploité un commerce de (indiquer le genre de commerce ou d'industrie) est en chômage depuis le (date exacte du chômage) ;

2ᵉ Que malgré la publicité faite pour louer les locaux vacants, sa maison (ou le 1ᵉʳ, le 2ᵉ, le 3ᵉ étage de sa maison) sise à (indiquer la commune et s'il y a lieu, la rue et le numéro) est ou sont restés inoccupés du au   (date exacte de la vacance).

Il }
Elle } vous prie, en conséquence, de vouloir bien lui accorder remise }
modération } des contributions foncière et des portes et fenêtres (ou de la contribution des portes et fenêtres ou de la contribution foncière) pour le temps écoulé depuis la vacance de son ou de ses immeubles.

Il }
Elle } est, avec respect, Monsieur le { Préfet,
{ Sous-Préfet, } votre très dévoué serviteur.
dévouée servante.

(*Signature.*)

---

(1) Bien qu'il suffise de faire mention du numéro de l'article, il est recommandé de joindre l'avertissement lui-même ou un extrait du rôle à l'appui de la demande.

X. — *Demande en modération et remise par suite de situation précaire. (A établir sur papier libre et à présenter à toute époque de l'année.)*

A   , le   190   .

Monsieur le } Préfet,
                   Sous-Préfet,

Le soussigné } (nom, prénoms, profession), demeurant à (domicile),
La soussignée

imposé } dans la commune d (désignation de la commune ou dans ladite
imposée

commune) au rôle des contributions (désignation des contributions) de l'année (indiquer l'année) sous l'article ou les articles (numéros des articles portés sur les avertissements) (1), expose que, par suite de (revers de fortune, maladie, accident, etc., etc.), } il } se trouve dans une situation
                                                                       elle

précaire et dans l'impossibilité absolue d'effectuer le paiement (total, partiel) desdites contributions.

Pour ces motifs, } il } vous prie de vouloir bien lui accorder (remise
                        elle

complète ou modération) aussi large que possible de ses impôts.

Il } est, avec respect, Monsieur le } Préfet, } votre très
Elle   Sous-Préfet,

dévoué serviteur.
dévouée servante.

(*Signature*)

---

(1) Bien qu'il suffise de faire mention du numéro de l'article, il est recommandé de joindre l'avertissement lui-même ou un extrait du rôle à l'appui de la demande.

XI. — *Demande de transfert de patente. (A établir sur papier timbré si la cote est de 30 fr. ou excède cette somme.)*

A   , le   190 .

Monsieur le { Préfet.
            { Sous-Préfet,

Le soussigné }
La soussignée } nom, prénoms, profession), demeurant à (domicile)
imposé }
imposée} dans la commune d (désignation de la commune ou dans ladite
commune au rôle { primitif } de la contribution des patentes de
               { supplémentaire }
l'année (indiquer l'année) sous l'article (numéro de l'article porté sur l'avertissement) (1), a l'honneur de vous informer { qu'il } a cédé à la date du (date
                                          { qu'elle}
de la cession) à { Monsieur } (nom du cessionnaire) son commerce de
                 { Madame }
(désignation du commerce).

Il {
Elle { vous prie, en conséquence, de vouloir bien faire transférer à son
successeur la contribution des patentes depuis l'époque précitée.

Il {
Elle { est, avec respect, Monsieur le { Préfet, } votre très
                                        { Sous-Préfet, }
dévoué serviteur.
dévouée servante.

(Signature)

---

(1) Bien qu'il suffise de faire mention du numéro de l'article, il est recommandé de
joindre l'avertissement lui-même ou un extrait du rôle à l'appui de la demande.

TAXES ASSIMILÉES

XII. — Biens de mainmorte, Billards, Bourses et Chambres de commerce, Cercles, Sociétés et Lieux de réunions, Automobiles Chevaux et Voitures, Chiens, Prestations, Taxe militaire, Vélocipèdes, etc.).

Demande en décharge ou en réduction. (A établir sur papier timbré si la cote est de 30 fr. ou excède cette somme, sauf en matière de prestations dont les demandes sont exemptes du timbre, quel que soit le montant de la cote.)

A   , le   190 .

Monsieur le { Préfet,
             { Sous-Préfet,

Le soussigné
La soussignée (nom, prénoms, profession), demeurant à (domicile),

imposé
imposée } dans la commune d (désignation de la commune ou dans ladite commune) au rôle de la taxe (indiquer la taxe) de l'année (indiquer l'année) sous l'article (numéro porté sur l'avertissement) (1), a l'honneur de vous faire connaître que :

Il
Elle } est imposé   pour les éléments suivants (détail de l'imposition)

Antérieurement au 1er janvier 190 , il elle } ne possédait plus aucun des éléments ci-dessus ou que (détail de ce qui reste imposable).

Autres motifs.

Il
Elle } vous prie, en conséquence, de vouloir bien lui faire accorder la

décharge
réduction } à laquelle { il elle } a droit.

Il
Elle } est, avec respect, Monsieur le { Préfet, Sous-Préfet, } votre très

dévoué serviteur.
dévouée servante.

(Signature.)

---

(1) Bien qu'il suffise de faire mention du numéro de l'article, il est recommandé de joindre l'avertissement lui-même ou un extrait du rôle à l'appui de la demande.

TAXES ASSIMILÉES COMMUNALES

Chiens, Prestations, etc.

XIII. — *Demandes en remise ou modération. (A établir sur papier libre pour la taxe des prestations et, en ce qui concerne la taxe sur les chiens, à établir sur papier timbré si la cote est de 30 francs ou excède cette somme.)*

(Ces demandes sont soumises au conseil municipal auquel il appartient d'accorder la remise ou la modération de la taxe, sous l'approbation de l'autorité supérieuré.)

A , le 190 .

Monsieur le Maire,

Le soussigné / La soussignée } (nom, prénoms, profession) demeurant à (domicile) imposé / imposée } dans la commune d (désignation de la commune ou dans ladite commune) au rôle de la taxe (indiquer la taxe) de l'année (indiquer l'année) sous l'article (numéro de l'article porté sur l'avertissement) a l'honneur de vous faire connaître que, par suite de (donner les motifs de la demande : inondation, incendie etc. etc.) il / elle } se trouve dans une situation précaire.

Pour ces motifs, il / elle } ose espérer que vous voudrez bien lui accorder remise de son imposition, (ou) une modération aussi large que possible.

Dans cette attente, il / elle } vous prie d'agréer, Monsieur le Maire, l'expression de ses sentiments respectueux et dévoués.

(Signature)

FORMULES

à détacher en suivant le pointillé, à faire timbrer

s'il y a lieu,

ET

à compléter d'après les modèles insérés,

avec les numéros correspondants, dans les pages

12 à 24

<table><tr><td>TIMBRE

de

dimension

s'il y a lieu</td><td>*A*　　　　　　, *le*　　　　　　*190* .</td></tr></table>

Monsieur le

L   soussigné

demeurant à　　　　　　　　, imposé dans la

　　　au rôle　　　de la contribution

　　de l'année 190　, sous l'article　　　　, a l'honneur

de vous faire connaître qu

　　　l   vous prie, en conséquence, de vouloir bien lui

faire accorder le dégrèvement　　　　　　auquel   l

croit avoir droit.

　　　l   est, avec respect, Monsieur le　　　　　　　　,

votre très dévoué   serv　　　　　.

TIMBRE

de

dimension
s'il y a lieu

À   , *le*   , *190* .

Monsieur le

L soussigné

demeurant à   , imposé au rôle de la
contribution foncière bâtie de l'année 190 , article
sur la base d'un revenu net de   fr.

           pour   propriété sise
à   , a l'honneur de vous informer que son
imposition est exagérée, attendu

l   vous prie, en conséquence, de vouloir bien faire
établir ses impositions d'après la valeur réelle de s
propriété   et lui accorder une réduction basée sur les
chiffres ci-dessus indiqués.

l   est, avec respect, Monsieur le   ,
votre très dévoué serv   .

<table>
<tr><td>

Timbre
de
dimension
s'il y a
lieu

</td><td>

A , *le* *190*

</td></tr>
</table>

Monsieur le

L   soussigné

demeurant à   , imposé dans la

au rôle   des contributions foncière et des portes et

fenêtres de l'année 190   , sous l'article   , a l'honneur

de vous informer qu' vient de faire démolir, à la date du

190   , un immeuble situé à

l   vous prie, en conséquence, de vouloir bien lui

accorder un dégrèvement correspondant au temps écoulé

depuis la démolition dudit immeuble.

l   est, avec respect, Monsieur le

votre très dévoué   serv   .

Timbre
de
dimension
s'il y a
lieu

A   , le   190 .

                              Monsieur le .

        L   soussigné
demeurant à   , a l'honneur de vous
informer que M   , s
                  , imposé dans la   à la
contribution des patentes de l'année 190   . sous l'article
              du rôle   , est décédé le   190 .

        l   vous prie, en conséquence, de vouloir bien faire
accorder, sur la patente de M   ,
le dégrèvement prévu par la loi.

        l   est, avec respect, Monsieur le   ,
votre très dévoué serv   .

A   , *le*   *190* .

Monsieur le

L   soussigné
au nom et comme   d
, a l'honneur de vous exposer que 1 dit
, imposé   dans la commune d
à la contribution des patentes de l'année 190   sous l'article
du rôle   , a été, à la date du   190   ,
déclaré en état de
1   vous prie, en conséquence, de vouloir bien faire
accorder, sur la patente imposée a
le dégrèvement prévu par la loi.
1   est, avec respect, Monsieur le
votre très dévoué   serv   .

<table>
<tr><td>

Timbre
de
dimension
s'il y a
lieu

</td><td>

A   le   190 ..

</td></tr>
</table>

Monsieur le

L   soussigné
demeurant à   , a l'honneur de
vous informer que M
imposé   dans la   à la contribution
personnelle-mobilière de l'année 190   sous l'article
est décédé à   le   190 .,

1   vous prie, en sa qualité d'héritier de M
               , de vouloir bien lui faire accorder le dégrè-
vement auquel   1   croit avoir droit.

1   est, avec respect, Monsieur le
votre très dévoué   serv

<table>
<tr><td>Timbre
de
dimension
s'il y a
lieu</td></tr>
</table>

A   , le   190

Monsieur le

L   soussigné
demeurant à   , imposé dans la
                    à la contribution foncière de l'année 190
sous l'article   , a l'honneur de vous informer
qu'   a planté en bois l   parcelle ci-après

Folio où l parcelle inscrite	DÉSIGNATION de Parcelle		Lieudit	Contenance	Nature de parcelle	Classe	Revenu cadastral
	Section	Numéro du plan					

l   vous prie, en conséquence, de vouloir bien lui
accorder le dégrèvement afférent a   dite parcelle
située   et qui   été boisée en 190 .

l   est, avec respect, Monsieur le
votre très dévoué serv   .

A   , *le*   190   .

Monsieur le

L   soussigné
demeurant à   , imposé dans la
au rôle des contributions foncière et des portes et fenêtres
de l'année 190 , sous l'article   , a l'honneur de vous
faire connaître qu'un incendie survenu le
190   a complètement détruit

I   vous prie, en conséquence, de vouloir bien lui
accorder   desdites contributions.
I   est, avec respect, Monsieur le
votre très dévoué serv   .

Timbre
de
dimension
s'il y a
lieu

A   , *le*   *190* .

Monsieur le

L   soussigné
demeurant à   , imposé dans la
au rôle des contributions foncière et des portes et fenêtres
de l'année 190   , sous l'article   , a l'honneur de vous
faire connaître qu

l   vous prie, en conséquence, de vouloir bien lui
accorder   de   contribution
               pour le temps écoulé depuis la vacance de
s   immeuble .
    l   est, avec respect, Monsieur le
votre très dévoué serv   .

A   , *le*   *190* .

Monsieur le

L   soussigné

demeurant à   , imposé dans la   :

au rôle d   contribution

de l'année 190 , sous l article   , expose

que par suite de   l   se

trouve dans une situation précaire et dans l'impossibilité

absolue d'effectuer le paiement   d   dite

contribution

Pour ces motifs,   l   vous prie de vouloir bien lui

accorder

l   est, avec respect, Monsieur le

votre très dévoué   serv

Timbre
de
dimension
s'il y a
lieu

A , le 190 .

Monsieur le

L soussigné
demeurant à , imposé dans la
au rôle de la contribution des patentes
de l'année 190 sous l'article a l'honneur de vous
informer qu' a cédé à la date du 190
à M son commerce d

1 vous prie, en conséquence, de vouloir bien faire transférer à son successeur la contribution des patentes depuis l'époque précitée.

1 est, avec respect, Monsieur le , votre très dévoué serv

<table><tr><td>Timbre
de
dimension
s'il y a
lieu</td></tr></table>

A   , le   190   .

Monsieur le

L   soussigné
demeurant à   , imposé dans la
au rôle de   , de l'année
190   , sous l'article   , a l'honneur de
vous faire connaître qu

1   vous prie, en conséquence, de vouloir bien lui faire
accorder la   à laquelle 1   a droit.

1   est, avec respect, Monsieur le Préfet, votre très
dévoué serv

Table des Matières

www.ingramcontent.com/pod-product-compliance
Ingram Content Group UK Ltd.
Pitfield, Milton Keynes, MK11 3LW, UK
UKHW022207070726
13613UKWH00004B/1517